Die (Klein-) Münzen des Bistums Münster

von 1566 bis 1801

Dr. Kay J. Krause

Vom selben Autor:

- **Die (Klein-) Münzen des Herzogtums Jülich - Berg: von 1511 bis 1806**, BoD – Books on Demand, Norderstedt, 2020, ISBN: 978-3750432536

- **Die (Klein-) Münzen des Erzbistums Köln: von 1508 bis 1794**, BoD – Books on Demand, Norderstedt, 2020, ISBN: 978-3751957724

- **Die (Klein-) Münzen des Bistums Paderborn: von 1585 bis 1789**, BoD – Books on Demand, Norderstedt, 2021, ISBN: 978-3752641004

Die (Klein-) Münzen des Bistums Münster

von 1566 bis 1801

Dr. Kay J. Krause

2022

Ein Übersichtskatalog über die wichtigsten Typen.

Es werden 51 Münzen vorgestellt, davon 34 mit farbigen Abbildungen von Vorder- und Rückseite.

Impressum

Bibliografische Information der Deutschen Nationalbibliothek: Die Deutsche Nationalbibliothek verzeichnet diese Publikation in der Deutschen Nationalbibliografie; detaillierte bibliografische Daten sind im Internet über dnb.dnb.de abrufbar.

© 2022 Dr. Kay J. Krause
Herstellung und Verlag: BoD – Books on Demand, Norderstedt

ISBN: 9783755758211

Vorwort

Dieser Katalog behandelt die häufigsten Kleinmünzen des (Fürst-)bistums Münster. Dazu zählen sowohl die fürstlich bischöflichen Prägungen als auch die Prägungen des Domkapitels im Zeitraum von 1566 bis 1801. Darunter sind Pfennige, Mariengroschen, Schillinge, 1/48 Taler, 1/24 Taler, 1/12 Taler und 1/6 Taler. Nicht behandelt werden Nominale die größer als 1/6 Taler sind und Goldprägungen.

Es werden 51 Münzen nach Epochen sortiert vorgestellt, davon 34 mit farbigen Abbildungen von Vorder- und Rückseite. Inklusive Angaben zu Größe, Gewicht, Feingehalt, Motiv, Wappen und Text der Umschrift.

Dieses Buch versteht sich nicht als wissenschaftliche Abhandlung, sondern als kleiner Leitfaden zum Einstieg in die Kleinmünzen des Bistums Münster. Daher wird nur in Ausnahmefällen, zum Beispiel bei großen Unterschieden in der Gestaltung, auf verschiedene Stempelvarianten des gleichen Münztyps eingegangen. Der Fokus liegt auf den unterschiedlichen Münztypen in ihren Hauptvarianten. Auch wenn alle Informationen nach bestem Wissen und Gewissen recherchiert sind, kann keine Gewährleistung für die Vollständigkeit und Richtigkeit aller Daten gegeben werden.

Kleinmünzen sind nicht nur aus historischer Sicht interessant, waren diese doch im Gegensatz zu den großen Talerprägungen das tägliche Geld des normalen Bürgers, sondern sie stellen auch ein attraktives Sammelgebiet dar.

Inhalt

Zur Münzgeschichte des Bistums

Dieses Buch gliedert sich in zwei Teile. Im ersten Teil werden die fürstlichen Prägungen chronologisch nach den Kleinmünzen prägenden Bischöfen gegliedert, im zweiten Teil folgen die Prägungen des Domkapitels unterteilt in fünf Phasen:

- Teil I Bischöfliche Prägungen:

  - Johannes von Hoya, 1566-1574
  - Ferdinand von Bayern, 1612-1650
  - Christoph von Galen, 1650-1678
  - Friedrich Christian von Plettenberg, 1688-1706
  - Franz Arnold von Wolff-Metternich, 1707-1718
  - Clemens August von Bayern, 1719-1761
  - Maximilian Friedrich von Königsegg-Rothenfels, 1762-1784

- Teil II Domkapitel:

  - I. 1591-1633
  - II. 1661-1707
  - III. 1714-1719
  - IV. 1739-1762
  - V. 1787-1801

Unter Johann Wilhelm von Jülich-Kleve (1574-1585),
Ernst von Bayern (1585-1612), Ferdinand II. von Fürs-
tenberg (1678-1683), Maximilian Heinrich von Bayern
(1683-1688) und Maximilian von Österreich (1784-1801)
wurden in Münster keine bischöflichen Kleinmünzen geprägt.

Anfang der Neuzeit setzte sich im Heiligen Römi-
schen Reich der Taler, eine große Silbermünze, als neue
Leitwährung durch. Der Wert einer Münze wurde durch
ihren Edelmetallgehalt definiert (=Kurantmünze). Die
Menge an Silber, die ein Taler enthalten musste wird
Münzfuß genannt. Üblicherweise wird dieser Münzfuß
in der Menge an Talern, die man aus 233 g Silber (dies
entspricht der Gewichtseinheit „einer feinen Mark") prägen kann, angegeben.

1566 wurde der Münzfuß in der Reichsmünzordnung
reichsweit einheitlich auf 9 Taler aus der feinen Mark
festgelegt, was zu einem Silbergehalt von ca. 26 g pro Taler führte. Während der Taler einheitlich definiert war,
war es den münzprägenden Territorien bzw. Münzstän-
den weitgehend freigestellt eigene Kleinmünzen herauszugeben und für diese eigene Münzfüße und Umrechnungskurse zum ganzen Reichstaler zu definieren.

Im Rheinland und in Westfalen waren diese Kleinmünzen vor allem der Albus (Rheinland), der Groschen
(Westfalen) bzw. Mariengroschen (Westfalen), sowie der
Schilling (Münster). Die ersten Schillinge wurden in Münster ab 1571 unter Bischof Johannes von Hoya geprägt.

Generell wurde der Edelmetallgehalt der Kleinmünzen mit der Zeit immer schlechter, wodurch das Nominal
und der Kurs zum Taler stetig angepasst werden muss-
ten. Die exakten Umrechnungskurse aller Kleinmünzen

im Laufe der Zeit sind ein sehr komplexes Thema und würden den Rahmen dieser Einführung überschreiten. Pauschal lässt sich festhalten, dass ein Schilling meistens als 1/28 Taler und ein Mariengroschen meistens als 1/36 Taler definiert wurde, was die Münzstände nicht daran hinderte auch regelmäßig unterwertige Münzen mit geringerem Silbergehalt zu prägen.

Nach dem Zusammenbruch des Währungssystems im 30-jährigen Krieg (1618-1648) bemühte man sich im 17. Jahrhundert um eine Vereinheitlichung des Münzsystems auch bei den Kleinmünzen. Dazu setzte sich bis 1700 der Leipziger Fuß zu 12 Talern aus der feinen Mark durch (was einem Feingehalt von 19,4 g pro Taler entspricht). Auf diesen Fuß wurden aber nur Münzen unterhalb des ganzen Talers geprägt. Der Reichstaler auf den 9 Taler Fuß blieb nominell die Rechnungsmünze, wurde aber nur noch selten hergestellt. Die größte auf den Leipziger Fuß geprägte Münze war der 2/3 Taler mit einem Feingewicht von 12,9 g ($= 233 / 12 \cdot 2 / 3$). Damit waren zwei 2/3 Taler auf den Leipziger Fuß wieder ein ganzer alter Reichstaler zu 26 g. In Münster wurden unter den Bischöfen Bischof Friedrich Christian von Plettenberg, Franz Arnold von Wolff-Metternich zur Gracht und Clemens August von Bayern Münzen auf diesen Fuß geprägt. Unter Bischof Franz Arnold von Wolff-Metternich zur Gracht wurde das Prägesystem im Jahr 1713 auf Spindelpressen umgestellt, was im Vergleich zum einfachen Hammerschlag eine deutlich erhöhte Münzproduktion von gleichbleibender Qualität ermöglichte.

Mitte des 18. Jahrhunderts konkurrierten dann zwei Münzsysteme. Preußen hatte 1750 den Graumannschen Fuß zu 14 Talern aus der feinen Mark (was einem Feingehalt von 16,6 g entspricht) für alle Münzprägungen

eingeführt und Österreich 1753 den Konventionstaler zu
10 Talern aus der feinen Mark (was einem Feingehalt
von 23,3 g entspricht). Die übrigen Territorien schlos-
sen sich dann dem System an, dem sie wirtschaftlich
oder politisch jeweils stärker verbundenen waren. Unter
Bischof Maximilian Friedrich von Königsegg-Rothenfels
(1762-1784) wechselte Münster auf den Konventionsfuß.
Die Kleinmünzen wurden allerdings mit einen geringe-
ren Feingehalt auf den sogenannten Kassentaler (13 1/3
Taler aus der feinen Mark) geprägt. Das führte zu dem
kuriosen Umstand, dass erst mit 16 Münzen mit dem
Nominal 1/12 Taler der Feingehalt eines Talers erreicht
wurde. Damit waren diese Kleinmünzen sogenannte Schei-
demünzen, also Münzen deren Feingehalt planmäßig kleiner war als der angegebene Nennwert. Ganze Talerprägungen blieben unter Bischof Maximilian Friedrich von
Königsegg-Rothenfels selten, dafür wurden große Men-
gen 1/3, 1/6, 1/12 und 1/48 Taler geprägt.

Neben den bischöflichen Prägungen ließ in Münster
(wie in vielen westfälischen Bistümern üblich) auch das
Domkapitel sehr früh Münzen prägen. Diese Münzen
sollten gegen den Kleingeldmangel helfen und waren aus
Kupfer. Sie hatten zwar keine Edelmetalldeckung und
waren auch nicht in der Reichsmünzordnung geregelt,
aber das Domkapitel garantierte den Wechsel in Reichs-
währung. Zur Bestätigung wurden die Münzen noch bis
zum Jahr 1633 mit dem Zeichen des zuständigen Zahl-
meisters (Bursarius) gegengestempelt. Generell kam es
in der Neuzeit seit Beginn der Talerwährung immer wieder zu Streitigkeiten zwischen den Bischöfen und dem
Domkapitel über das Münzrecht. Unstrittig war eigent-
lich zu allen Zeiten, dass das Recht Silbermünzen zu
prägen bei den Bischöfen lag, und, dass das Domkapi-

tel solche nur in Zeiten der Sedisvakanz, also nach dem Tod des Bischofs bis zur Wahl eines Nachfolgers, prägen dürfte. Für Kupferprägungen indes war es nicht reichsweit geregelt, weshalb solche teilweise zeitgleich sowohl durch die Bischöfe, als auch durch das Domkapitel herausgegeben wurden. Bischof Maximilian Friedrich von Königsegg-Rothenfels beispielsweise hat in seiner Wahlproklomation sogar explizit, zu Gunsten des Domkapitels, auf das Recht Kupfermünzen herauszugeben verzichtet.

Die in diesem Buch angegebenen Feingehalte beziehen sich auf den vom jeweiligen Münzstand geplanten Feingehalt. Tatsächlich war der Feingehalt oftmals niedriger und schwankte besonders zu Kriegszeiten stark.

Im Folgenden sind die Münzen nicht in Originalgröße, sondern in einem Einheitsmaß von ca. 4 x 4 cm abgebildet. Da der Fokus hier auf den Kleinmünzen liegt, ist es sonst nicht zu gewährleisten, dass die Abbildungen die nötige Qualität haben, um alle Details darzustellen.

Die Wappen der Bischöfe

Die gesammelten Wappendarstellungen auf Münzen beziehen sich in der Regel auf den Herausgeber, beinhalten also dessen Familienwappen (meist im Zentrum), und die tatsächlichen und beanspruchten Territorien.

Oftmals wurden verschiedene weltliche und geistliche Herrschaften von derselben Person in Personalunion regiert. Auch eine Ämterhäufung innerhalb der Familie und eine Weitergabe des Bischofsamtes an einen Verwandten, oft einen Neffen, war durchaus üblich. Zwar wurden die Bischöfe offiziell von den Domherren des jeweiligen Bistums gewählt und dann vom Papst bestätigt, allerdings wurden diese Wahlen durch Geldzahlungen und Druck von Seiten der anderen Herrschaften, des Kaisers und teilweise auch der benachbarten Länder, maßgeblich beeinflusst.

Als wohl mächtigster Kirchenfürst seiner Zeit war Clemens August I. von Bayern beispielsweise nicht nur Bischof von Münster, sondern auch Erzbischof von Köln und damit Kurfürst des Reichs, Herzog von Westfalen, Bischof von Regensburg, Paderborn, Osnabrück und Hildesheim. Darüber hinaus führte er die Titel Legatus natus des Heiligen Apostolischen Stuhls zu Rom, Erzkanzler für Reichsitalien und Hochmeister des Deutschen Ordens. Viele dieser Titel stammten noch aus dem Mittelalter und nicht alle waren mit tatsächlicher Macht verbunden.

Hier als typisches Beispiel für ein bischöfliches Wappen das Wappen von Franz Arnold von Wolff-Metternich zur Gracht auf einer 6 Mariengroschen Münze von 1715:

- Obere Reihe: Paderborner Stiftskreuz, Münsteraner Balken, Stromberger Krähen

- Mittlere Reihe: Pyrmonter Kreuz, im Oval: Familienwappen derer von Wolff-Metternich zur Gracht (Turnierkragen und Wolf), Borckeloer Kugeln

- Untere Reihe: Stromberger Krähen, Münsteraner Balken, Paderborner Stiftskreuz.

Bekannte Münzmeister in Münster:

• Engelbert Ketteler 1636-1661

• Gottfried Storp 1683-1688

• Johann Lorenz Obendahl 1692-1708

• Johann Willerding 1709-1713

• Wilhelm Ritter 1713-1718

• Anton Gottfried Pott 1719-1742

• Johann Koppers 1743-1770

Der Münzmeister war der Leiter eine Prägestätte und für die Prägungen verantwortlich. Er arbeitete seit Ende des Mittelalters in der Regel als selbstständige Unternehmer im Auftrag des Münzrechtinhabers (=Münzstandes). Oftmals „signierten" die Münzmeister die herausgegebenen Münzen auch mit einem individuellen Zeichen oder ihren Initialen. Dem Münzmeister zur Hand gingen oft Stempelschneider, die die eigentlichen Gravuren in den Prägestempeln anfertigten. Auch die Stempelschneider als Künstler haben sich teilweise mit Zeichen oder Initialen in den Münzbildern verewigt.

Unter den Bischöfen Clemens von Bayern und Maximilian Friedrich von Königsegg-Rothenfels, die ja auch Erzbischöfe von Köln waren, wurden insbesondere die größeren Nominale für das Bistum Münster in der Kölner Münzstätte Bonn geprägt.

Übersicht

Nominal	Prägezeitraum	Seite	Epoche
1 Schilling	1571-1572	24	Johannes v. Hoya 1566-1574
2 Schilling	1640, 1645, 1648	26	Ferdinand v. Bayern 1612-1650
1 Schilling	1640-1641	27	
6 Pfennig	1641	28	
1/8 Taler	1678	30	Christoph v. Galen 1650-1678
1 Schilling	1652-1653	31	
3 Pfennig	1653, 1655	32	
2 Schilling	1696	34	Friedrich v. Plettenberg 1688-1706
1 Schilling	1696	35	
1/12 Taler	1692-1693	36	
1/24 Taler	1692-1693	37	
1/48 Taler	1692	38	
6 Pfennig	1695-1696	39	
4 Pfennig	1703	40	
3 Pfennig	1703	41	

Teil I

Bischöfliche Prägungen

Kapitel 1

1566-1574
Johannes v. Hoya

Nominal	Prägezeitraum
1 Schilling	1571-1572

1 Schilling

Wertseite
Im Feld: Reichsapfel mit Nominal 12, im Hintergrund
gekrönter doppelköpfiger Reichsadler, darunter ein klei-
ner Wappenschild, Umkreis
Umschrift: MAXIMI II D G IMPERATO (Maximilian
II Dei Gratia Imperator)

Bildseite:
Im Feld: drei Wappenschilde nebeneinander (Osnabrücker
Wagenrad, Münsteraner Balken, Paderborner Stiftskreuz),
darüber Helmzier, Umkreis
Umschrift: MONE NOVA ARG MONAS, Jahreszahl (Mo-
neta Nova Argentea Monasteriensis)

Größe	24,1 mm
Raugewicht	2,4 g
Feingewicht	2,16 g
Silberanteil	90 %
Prägejahre	1571-1572

Kapitel 2

1612-1650
Ferdinand v. Bayern

Nominal	Prägezeitraum
2 Schilling	1640, 1645, 1648
1 Schilling	1640-1641
6 Pfennig	1641

2 Schilling (1/14 Taler)

Wertseite
Im Feld: Heiliger Paulus mit Schwert und Bibel, geteilte Jahreszahl, Umkreis
Umschrift: S PAVLUS APO PATR MONA (Sanctus Paulus Apostolus Patronus Monasteriensis)

Bildseite:
Im Feld: ovales vierfeldiges Wappen (Wittelsbacher Rautenmuster, Pfälzer Löwe, Pfälzer Löwe, Wittelsbacher Rautenmuster) mit Zentralwappen (Münsteraner Balken), darunter „(14)", Umkreis
Umschrift: FERD ELE CO EP MO BA DV (Ferdinandus Elector Coloniensis Episcopus Monasteriensis Bavariae Dux)

Größe	20,0 mm
Raugewicht	2,75 g
Feingewicht	1,85 g
Silberanteil	67 %
Prägejahre	1640, 1645, 1648

1 Schilling (1/28 Taler)

Wertseite

Im Feld: Heiliger Paulus mit Schwert und Bibel darunter
I SCHIL, Umkreis

Umschrift: S PAVL APO PATR MONA, geteilte Jahreszahl (Sanctus Paulus Apostolus Patronus Monasteriensis)

Bildseite:

Im Feld: ovales vierfeldiges Wappen (Wittelsbacher Rautenmuster, Pfälzer Löwe, Pfälzer Löwe, Wittelsbacher
Rautenmuster) mit Zentralwappen (Münsteraner Balken), darunter „(28)", Umkreis

Umschrift: FERD ELE CO EP MO BA DV (Ferdinandus Elector Coloniensis Episcopus Monasteriensis Bavariae Dux)

Größe	22,2 mm
Raugewicht	1,85 g
Feingewicht	0,92 g
Silberanteil	50 %
Prägejahre	1640-1641

6 Pfennig (1/56 Taler)

Wertseite
Im Feld: VI PFENN, Jahreszahl, Umkreis
Umschrift: EPIS MONAS BAVAR DVX (Episcopus Monasteriensis Bavariae Dux)
Bildseite:
Im Feld: rautenförmiges vierfeldiges Wappen (Wittelsbacher Rautenmuster, Pfälzer Löwe, Pfälzer Löwe, Wittelsbacher Rautenmuster) mit Zentralwappen (Münsteraner Balken), Umkreis
Umschrift: FERDINA (56) ELEC COLO (Ferdinandus Elector Coloniensis)

Größe	19,0 mm
Raugewicht	0,94 g
Feingewicht	0,46 g
Silberanteil	49 %
Prägejahre	1641

Es gibt auch noch deutlich seltenere 3 und 4 Pfennig Münzen aus den Jahren 1641-1643 mit sehr ähnlicher Gestaltung.

Kapitel 3

1650-1678
Christoph v. Galen

Nominal	Prägezeitraum
1/8 Taler	1678
1 Schilling	1652-1653
3 Pfennig	1653, 1655

1/8 Taler

Wertseite

Im Feld: Heiliger Paulus mit Schwert und Bibel darunter
VIII und Talerzeichen, Umkreis
Umschrift: S PAVLVS APO PATRON MONAST (Sanc-
tus Paulus Apostolus Patronus Monasteriensis)

Bildseite:

Im Feld: gekröntes achtfeldiges Wappenschild mit Zen-
tralwappen, Schwert und Stab im Hintergrund, geteilte
Jahreszahl, Umkreis
Umschrift: CHRIST BERNARD D G EPS ET PPS MO-
NAS (Christoph Bernhard Dei Gratia Episcopus Et Prin-
ceps Monasteriensis)

Größe	29,0 mm
Raugewicht	4,7 g
Feingewicht	3,23 g
Silberanteil	69 %
Prägejahre	1678

1 Schilling (1/28 Taler)

Wertseite
Im Feld: Heiliger Paulus mit Schwert und Bibel darunter
I SCHIL, Umkreis
Umschrift: S PAVL APO PATR MONA, geteilte Jahreszahl (Sanctus Paulus Apostolus Patronus Monasteriensis)

Bildseite:
Im Feld: ovales vierfeldiges Wappen mit Zentralwappen,
darunter „(28)", Umkreis
Umschrift: CHR BER D G EP MO BVRG STR S R I P
(Christoph Bernhard Dei Gratia Episcopus Monasteriensis Burggraf Stromberg, Sancti Romani Imperii Princeps)

Größe	22,4 mm
Raugewicht	1,82 g
Feingewicht	0,92 g
Silberanteil	50 %
Prägejahre	1652-1653

3 Pfennig (1/112 Taler)

Wertseite
Im Feld: III PFEN, Jahreszahl, Umkreis
Umschrift: BURGG STROMB S R I P (Burggraf Stromberg, Sancti Romani Imperii Princeps)

Bildseite:
Im Feld: vierfeldiges Wappenschild (Münsteraner Balken, Stromberger Krähen, Stromberger Krähen, Münsteraner Balken) mit Zentralwappen (Familienwappen: drei Wolfsangeln), Umkreis
Umschrift: CHRIS BER (112) D G EP MO (Christoph Bernhard Dei Gratia Episcopus Monasteriensis)

Größe	
Raugewicht	0,53 g
Feingewicht	0,23 g
Silberanteil	44 %
Prägejahre	1653, 1655

Aus den Jahren 1652, 1654 und 1655 gibt es auch noch eine deutlich seltenere, ähnlich gestaltete, 6 Pfennig Münze.

Kapitel 4

1688-1706 Friedrich v. Plettenberg

Nominal	Prägezeitraum
2 Schilling	1696
1 Schilling	1696
1/12 Taler	1692-1693
1/24 Taler	1692-1693
1/48 Taler	1692
6 Pfennig	1695-1696
4 Pfennig	1703
3 Pfennig	1703

2 Schilling (1/14 Taler)

Wertseite

Im Feld: gekröntes sechsfeldiges Wappenschild (Stromberger Krähen, Münsteraner Balken, Borckeloer Kugeln, Borckeloer Kugeln, Münsteraner Balken, Stromberger Krähen) mit Zentralwappen (Familienwappen: senkrecht geteilter Schild), Schwert und Stab im Hintergrund, Umkreis

Umschrift: FRIED CHRIST 14 D G EP MONA (Friedrich Christian Dei Gratia Episcopus Monasteriensis)

Bildseite:

Im Feld: Heiliger Paulus mit Schwert und Bibel, geteilte Jahreszahl, Umkreis

Umschrift: S PAVL APOST PATR MONA (Sanctus Paulus Apostolus Patronus Monasteriensis)

Größe	24,5 mm
Raugewicht	2,95 g
Feingewicht	1,39 g
Silberanteil	47 %
Prägejahre	1696

1 Schilling (1/28 Taler)

Wertseite
Im Feld: Heiliger Paulus mit Schwert und Bibel darunter
I SCHIL, Umkreis
Umschrift: S PAVL APO PAT MONA, geteilte Jahres-
zahl (Sanctus Paulus Apostolus Patronus Monasterien-
sis)

Bildseite:
Im Feld: gekröntes sechsfeldiges Wappenschild (Strom-
berger Krähen, Münsteraner Balken, Borckeloer Kugeln,
Borckeloer Kugeln, Münsteraner Balken, Stromberger
Krähen) mit Zentralwappen (Familienwappen: senkrecht
geteilter Schild), Schwert und Stab im Hintergrund, Um-
kreis
Umschrift: FRIED CHRIS 28 D G EP MON (Friedrich
Christian Dei Gratia Episcopus Monasteriensis)

Größe	20 mm
Raugewicht	1,8 g
Feingewicht	0,69 g
Silberanteil	38 %
Prägejahre	1696

1/12 Taler

Wertseite
Im Feld: 12 EINEN REICHS THAL, Umkreis
Umschrift: FVRSTL MVNST LAND MVNTZ, Jahres-
zahl (Fürstlich Münsterische Land Münz)

Bildseite:
Im Feld: gekröntes ovales sechsfeldiges Wappen (Strom-
berger Krähen, Münsteraner Balken, Borckeloer Kugeln,
Borckeloer Kugeln, Münsteraner Balken, Stromberger
Krähen) mit Zentralwappen (Familienwappen: senkrecht
geteilter Schild), Girlandenverzierung, Schwert und Stab
im Hintergrund, Umkreis
Umschrift: FRID CHRIST D G EP MONAST (Friedrich
Christian Dei Gratia Episcopus Monasteriensis)

Größe	25,7 mm
Raugewicht	3,0 g
Feingewicht	1,62 g
Silberanteil	54 %
Prägejahre	1692-1693

1/24 Taler

Wertseite
Im Feld: 24 I REICHS THAL, Umkreis
Umschrift: FVRSTL MVNST LAND MVNTZ, Jahres-
zahl (Fürstlich Münsterische Land Münz)

Bildseite:
Im Feld: gekröntes ovales sechsfeldiges Wappen (Strom-
berger Krähen, Münsteraner Balken, Borckeloer Kugeln,
Borckeloer Kugeln, Münsteraner Balken, Stromberger
Krähen) mit Zentralwappen (Familienwappen: senkrecht
geteilter Schild), Girlandenverzierung, Schwert und Stab
im Hintergrund, Umkreis
Umschrift: FRID CHRIST D G EP MONAST (Friedrich
Christian Dei Gratia Episcopus Monasteriensis)

Größe	20,8 mm
Raugewicht	1,55 g
Feingewicht	0,81 g
Silberanteil	52 %
Prägejahre	1692-1693

1/48 Taler

Wertseite
Im Feld: 48 I REICH TH, Umkreis
Umschrift: F M L MVNTZ (Fürstlich Münsterische Land
Münz), Jahreszahl

Bildseite:
Im Feld: gekröntes Monogramm FC (Friedrich Christi-
an)
Umschrift: keine

Größe	16,5 mm
Raugewicht	0,93 g
Feingewicht	0,40 g
Silberanteil	43 %
Prägejahre	1692

6 Pfennig (1/56 Taler)

Wertseite
Im Feld: VI PFEN, Jahreszahl, Umkreis
Umschrift: EPISCOPVS MO (56) NASTERIENS

Bildseite:
Im Feld: gekröntes sechsfeldiges Wappenschild (Stromberger Krähen, Münsteraner Balken, Borckeloer Kugeln, Borckeloer Kugeln, Münsteraner Balken, Stromberger Krähen) mit Zentralwappen (Familienwappen: senkrecht geteilter Schild), Umkreis
Umschrift: FRIDER CHRIST D G EP MONAS (Friedrich Christian Dei Gratia Episcopus Monasteriensis)

Größe	18,0 mm
Raugewicht	1,12 g
Feingewicht	0,35 g
Silberanteil	31 %
Prägejahre	1695-1696

4 Pfennig

Wertseite
Im Feld: IIII PFEN, Jahreszahl, Umkreis
Umschrift: FURSTL MUNSTER SCHEID MUNTZ (Fürst-
lich Münsterische Scheide Münze)

Bildseite:
Im Feld: gekröntes Spiegelmonogramm FC, Kranz (Fried-
rich Christian)
Umschrift: keine

Größe	23,4 mm
Raugewicht	2,8 g
Feingewicht	0 g (Kupfermünze)
Silberanteil	0 %
Prägejahre	1703

3 Pfennig

Wertseite
Im Feld: III PFEN, Jahreszahl, Umkreis
Umschrift: F MUNSTERISCHE SCHEID MUNTZ (Fürst-
lich Münsterische Scheide Münze)

Bildseite:
Im Feld: gekröntes Spiegelmonogramm FC (Friedrich
Christian)
Umschrift: keine

Größe	22,5 mm
Raugewicht	2,1 g
Feingewicht	0 g (Kupfermünze)
Silberanteil	0 %
Prägejahre	1703

Kapitel 5

1707-1718 Franz v. Wolff-Metternich

Nominal	Prägezeitraum
6 Mariengro-schen	1711, 1715, 1718
2 Schilling	1711
1/12 Taler	1709-1713, 1714-1718
1/48 Taler	1709-1711, 1717
4 Pfennig	1715-1716
3 Pfennig	1712, 1715

6 Mariengroschen

Wertseite
Im Feld: VI MARIEN GROS, Jahreszahl, Umkreis
Umschrift: BURGG STROMB S R I P COM PYRM &
DOM IN BORC (Burggraf Stromberg, Sancti Romani
Imperii Princeps, Comes Pyrmont et Dominus in Bor-
ckelo)
Bildseite:
Im Feld: ovales gekröntes achtfeldiges Wappen (Pader-
borner Stiftskreuz, Münsteraner Balken, Stromberger
Krähen, Pyrmonter Ankerkreuz, Borckeloer Kugeln,
Stromberger Krähen, Münsteraner Balken, Paderbor-
ner Stiftskreuz) mit Zentralwappen (Familienwappen:
Turnierkragen und Wolf), Girlandenverzierung, Schwert
und Stab im Hintergrund
Umschrift: FRANC ARNOLD D G EP MON & PAD
(Franciscus Arnoldus, Dei Gratia Episcopus Monasteri-
ensis et Paderbornensis)

Größe	26,0 mm
Raugewicht	5,3 g
Feingewicht	3,2 g
Silberanteil	60 %
Prägejahre	1711, 1715, 1718

Da der Wert eines Mariengroschen 1/36 Taler beträgt ist diese Münze mit dem Nominal 6 Mariengroschen genausoviel Wert wie ein 1/6 Taler. Münzen mit dem Nominal 1/6 Taler, geprägt auf den Leipziger Fuß, waren Anfang des 18. Jhd. weitverbreitet. In Münster übernahm man zwar den Münzfuß, blieb aber bei der westfälischen Bezeichnung Mariengroschen.

Das gleiche Nominal mit fast identischem Aussehen wurde 1718 auch in Paderborn geprägt. Da der Paderborner Münzmeister Anton Gottfried Pott im gleichen Jahr nach Münster wechselte gibt es aus dem Jahr 1718 Prägungen mit den Münzmeisterzeichen AGP in Paderborn und Münster. Diese lassen sich nur durch die vertauschte Reihenfolge der Wappen und Namen, MON & PAD für Prägungen in Münster und PAD & MON für Prägungen in Paderborn, unterscheiden.

2 Schilling

Wertseite
Im Feld: gekröntes achtfeldiges Wappenschild (Paderborner Stiftskreuz, Münsteraner Balken, Stromberger Krähen, Pyrmonter Ankerkreuz, Borckeloer Kugeln, Stromberger Krähen, Münsteraner Balken, Paderborner Stiftskreuz) mit Zentralwappen (Familienwappen: Turnierkragen und Wolf), Schwert und Stab im Hintergrund, geteilte Jahreszahl
Umschrift: FRANC ARNO (14) D G EP MO & PA (Franciscus Arnoldus, Dei Gratia Episcopus Monasteriensis et Paderbornensis)

Bildseite:
Im Feld: Heiliger Paulus mit Schwert und Bibel
Umschrift: S PAUL APOST PATR MONAS (Sanctus Paulus Apostolus Patronus Monasteriensis)

Größe	22,0 mm
Raugewicht	3,26 g
Feingewicht	1,39 g
Silberanteil	42,5 %
Prägejahre	1711

1/12 Taler

Wertseite
Im Feld: 12 EINEN REICHS THAL, Jahreszahl, Um-
kreis
Umschrift: BURGG STROMB SRI P COM PYRM ET
D IN B (Burggraf Stromberg, Sancti Romani Imperii
Princeps, Comes Pyrmont et Dominus in Borckelo)

Bildseite:
Im Feld: gekröntes achtfeldiges Wappenschild (Paderborner Stiftskreuz, Münsteraner Balken, Stromberger
Krähen, Pyrmonter Ankerkreuz, Borckeloer Kugeln, Stromberger Krähen, Münsteraner Balken, Paderborner Stiftskreuz) mit Zentralwappen (Familienwappen: Turnierkragen und Wolf), Girlandenverzierung, Schwert und
Stab im Hintergrund
Umschrift: FRAN ARN D G EP MO ET P (Franciscus Arnoldus, Dei Gratia Episcopus Monasteriensis et
Paderbornensis)

Größe	24,5 mm
Raugewicht	3,33 g
Feingewicht	1,62 g
Silberanteil	49 %
Prägejahre	1709-1713, 1714-1718

Die Versionen von 1709 bis 1713 haben auf der Bildseite ein kreisrundes Wappen, die restliche Gestaltung ist sehr ähnlich zur hier gezeigten Version. Da Franz Arnold auch Bischof von Paderborn war gab es fast identisch aussehende Prägungen für Paderborn. Bei diesen ist die Reihenfolge der Wappen und Titel vertauscht. Auf der Bildseite ist dort im Wappen das Paderborner Stiftskreuz oben und unten in der Mitte und die Umschrift lautet FRAN ARN D G EP P ET MO (Franciscus Arnoldus Dei Gratia Episcopus Paderbornensis et Monasteriensis).

1/48 Taler

Wertseite
Im Feld: 48 I REICHS TH, Umkreis
Umschrift: F M & P L MUNTZ, Jahreszahl (Fürstlich
Münsterische & Paderborner Land Münze)

Bildseite:
Im Feld: gekröntes Spiegelmonogramm FA (Franz Arnold)
Umschrift: keine

Größe	16,0 mm
Raugewicht	0,95 g
Feingewicht	0,40 g
Silberanteil	42 %
Prägejahre	1709-1711, 1717

4 Pfennig

Wertseite
Im Feld: IIII PFEN, Jahreszahl, Umkreis
Umschrift: FURSTL MUNSTER SCHEID MUNTZ (Fürst-
lich Münsterische Scheide Münze)

Bildseite:
Im Feld: gekröntes Spiegelmonogramm FA, Kranz (Franz
Arnold)
Umschrift: keine

Größe	23,5 mm
Raugewicht	3,24 g
Feingewicht	0 g (Kupfermünze)
Silberanteil	0 %
Prägejahre	1715-1716

3 Pfennig

Wertseite
Im Feld: III PFEN, Jahreszahl, Umkreis
Umschrift: F MUNSTRISCHE SCHEID MUNTZ (Fürst-
lich Münsterische Scheide Münze)

Bildseite:
Im Feld: gekröntes Spiegelmonogramm FA (Franz Ar-
nold)
Umschrift: keine

Größe	22,4 mm
Raugewicht	2,9 g
Feingewicht	0 g (Kupfermünze)
Silberanteil	0 %
Prägejahre	1712, 1715

Kapitel 6

1719-1761
Clemens v. Bayern

Nominal	Prägezeitraum
6 Mariengro-schen	1754
2 Schilling	1748
1/12 Taler	1723, 1745-1746, 1748-1749, 1754-1755
1/24 Taler	1754-1755
1/48 Taler	1723, 1745, 1748
4 Pfennig	1743, 1745, 1748, 1754-1755
3 Pfennig	1736, 1740-1741, 1743, 1745, 1748, 1752-1755

6 Mariengroschen

Wertseite

Im Feld: VI MARIEN GROS Jahreszahl, Umkreis

Umschrift: O T P G & I S M E M H P O U B S P A & W D (Ordinis Teutonici Per Germaniam et Italiam Supremus Magister, Episcopus Monasteriensis, Hildesiensis, Paderbornensis, Utriusque Bavariae, Superioris Palatinus, Angariae et Westphaliae Dux)

Bildseite:

Im Feld: gehenkeltes und gekröntes ovales zwölffeldiges Wappen (Kölner Stiftskreuz, Westfälisches Pferd, Engerer Herzen, Arnsberger Adler, Münsteraner Balken, Stromberger Krähen, Borckeloer Kugeln, Werther Lilien, Hildesheimer Schild, Paderborner Kreuz, Pyrmonter Kreuz, Osnabrücker Wagenrad)

mit Zentralwappen (Wittelsbacher Rautenmuster, Pfälzer Löwe, je zweimal)

Umschrift: C A D G AE C S R I PI AC & E M M
P B A (Clemens Augustus, Dei Gratia Archiepiscopus
Coloniensis, Sacri Romani Imperii Per Italiam Archi-
cancellarius et Elector, Magni Magisterii Per Borussiam
Administrator)

Größe	25,6 mm
Raugewicht	4,5 g
Feingewicht	2,9 g
Silberanteil	65 %
Prägejahre	1754

Clemens August war nicht nur Bischof von Münster sondern unter anderem und vor allem Erzbischof von Köln.
Die hier gezeigten 6 Mariengroschen wurden speziell für
den Gebrauch im Bistum Münster geprägt. Aus der gleichen Zeit gibt es auch viele sehr ähnliche 1/6 Taler Münzen. Da 1 Mariengroschen 1/36 Taler wert war, waren
6 Mariengroschen wertgleich mit einem 1/6 Taler. Die
1/6 Taler wurden für den Gebrauch im Erzbistum Köln
geprägt und sind dort in der Literatur zu finden.

2 Schilling (1/14 Taler)

Wertseite
Im Feld: gehenkeltes und gekröntes ovales zwölffeldiges
Wappen (Kölner Stiftskreuz, Westfälisches Pferd, En-
gerer Herzen, Arnsberger Adler, Münsteraner Balken,
Stromberger Krähen, Borckeloer Kugeln, Werther Lili-
en, Hildesheimer Schild, Paderborner Kreuz, Pyrmonter
Kreuz, Osnabrücker Wagenrad)
mit Zentralwappen (Wittelsbacher Rautenmuster, Pfälzer Löwe, je zweimal)
Umschrift: C A D G AE C S R I P E (14) S M O
T E M H P O B D (Clemens Augustus, Dei Gratia Archiepiscopus Coloniensis, Sacri Romani Imperii Princeps
Elector, Supremus Magister Ordinis Teutonici, Episcopus Monasteriensis, Hildesiensis, Paderbornensis, Osna-
brugensis, Bavariae Dux)

Bildseite:
Im Feld: Heiliger Paulus mit Schwert und Bibel, geteilte
Jahreszahl
Umschrift: S PAUL APOST PATR MONAS (Sanctus
Paulus Apostolus Patronus Monasteriensis)

Größe	22,0 mm
Raugewicht	3,1 g
Feingewicht	1,24 g
Silberanteil	40 %
Prägejahre	1748

Es gibt aus dem gleichen Jahr eine deutlich seltenere 1
Schilling Variante mit gleicher Gestaltung.

1/12 Taler

Wertseite
Im Feld: 12 EINEN REICHS THALER, Jahreszahl, Umkreis
Umschrift: HOCHFURST MUNST LANDT MUNTZ

Bildseite:
Im Feld: gekröntes Monogramm CA (Clemens August)
Umschrift: keine

Größe	25,0 mm
Raugewicht	3,1 g
Feingewicht	1,45 g
Silberanteil	47 %
Prägejahre	1723, 1745-1746, 1748-1749, 1754-1755

Die Prägungen aus dem Jahr 1755 haben auf der Bildseite ein Spiegelmonogramm an Stelle des einfachen Monogramms, sind aber sonst in der Gestaltung gleich.

1/24 Taler

Wertseite
Im Feld: 24 EINEN THALER, Jahreszahl, Umkreis
Umschrift: HOCHFURST MUNST LANDT MUNTZ

Bildseite:
Im Feld: gekröntes Spiegelmonogramm CA (Clemens August)
Umschrift: keine

Größe	18,6 mm
Raugewicht	1,66 g
Feingewicht	0,73 g
Silberanteil	46 %
Prägejahre	1754-1755

Diese Version hier gibt es nur aus dem Jahr 1755. Die Ausgabe aus dem Jahr 1754 und ein Teil der Prägungen von 1755 haben auf der Wertseite im Feld den Text „24 EINEN REICHS THALER".

1/48 Taler

Wertseite
Im Feld: 48 I REICHS THAL, Jahreszahl, Umkreis
Umschrift: FURST MUNST LANDT MUNTZ

Bildseite:
Im Feld: gekröntes Monogramm CA (Clemens August)
Umschrift: keine

Größe	16,8 mm
Raugewicht	1,0 g
Feingewicht	0,36 g
Silberanteil	36 %
Prägejahre	1723, 1745, 1748

Die Ausgabe von 1723 verwendet in der Umschrift das
Lateinische V, die Ausgaben von 1745 und 1748 das U.

4 Pfennig

Wertseite
Im Feld: IIII PFEN, Jahreszahl, Umkreis
Umschrift: HOCHFURST MUNST LANDT MUNTZ

Bildseite:
Im Feld: ummanteltes gekröntes Spiegelmonogramm CA
(Clemens August), Schwert und Stab im Hintergrund,
geteilte Wertangabe 4 P (Pfennig)
Umschrift: keine

Größe	24,1 mm
Raugewicht	3,7 g
Feingewicht	0 g (Kupfermünze)
Silberanteil	0 %
Prägejahre	1743, 1745, 1748, 1754-1755

Die Ausgaben aus den Jahren 1754-1755 haben eine an-
ders gestaltete Bildseite. Dort ist das gekrönte Spiegelmonogramm von einem Kranz, an Stelle des Mantels,
umgeben und das Schwert und der Stab fehlen.

3 Pfennig

Wertseite

Im Feld: III PFEN, Jahreszahl, Umkreis

Umschrift: FURST MUNSTRISCH SCHEID MUNTZ

Bildseite:

Im Feld: gekröntes Spiegelmonogramm CA (Clemens August)

Umschrift: keine

Größe	21,9 mm
Raugewicht	2,55 g
Feingewicht	0 g (Kupfermünze)
Silberanteil	0 %
Prägejahre	1736, 1740-1741, 1743, 1745, 1748, 1752-1755

Die Ausgaben von 1743 und 1745 sind in der Gestaltung der Bildseite abweichend von der dargestellten Version und verwendet statt dessen das gleiche ummantelte Spiegelmonogramm wie die 4 Pfennig Münze aus dem selben Jahr.

Kapitel 7

1762-1784 Maximilian v. Königsegg

Nominal	Prägezeitraum
1/6 Taler	1763-1764
1/12 Taler	1763-1764
1/48 Taler	1766
1 Schilling	1764

1/6 Taler

Wertseite
Im Feld: VI EINEN REICHS THALER, Jahreszahl
Umschrift: 80 ST EINE MARCK FEIN

Bildseite:
Im Feld: gekröntes achtfeldiges Wappen (Kölner Stifts-
kreuz, Westfälisches Pferd, Engerer Herzen, Arnsberger
Adler, Münsteraner Balken, Stromberger Krähen, Bor-
ckeloer Kugeln, Werther Lilien) mit Zentralwappen (Kö-
nigsegger Rautenmuster), Girlandenverzierung, Schwert
und Stab im Hintergrund
Umschrift: MAX FRID D G A E C & E E MONAST S
R I P (Maximilian Friedrich, Dei Gratia Archiepiscopus
Coloniensis & Elector, Epsicopus Monasteriensis Sacri
Romani Imperii Princeps)

Größe	26,0 mm
Raugewicht	5,2 g
Feingewicht	2,91 g
Silberanteil	56 %
Prägejahre	1763-1764

Diese Münze wurde unter dem Münzmeister Jacob Kohl-
haas in Bonn geprägt

1/12 Taler

Wertseite
Im Feld: 12 EINEN REICHS THALER, Jahreszahl
Umschrift: 160 ST EINE MARCK FEIN

Bildseite:
Im Feld: gekröntes Monogramm MF (Maximilian Friedrich)
Umschrift: HOCHFURST MUNSTERISCHE MUNTZ

Größe	23,2 mm
Raugewicht	3,0 g
Feingewicht	1,45 g
Silberanteil	48 %
Prägejahre	1763-1764

1/48 Taler

Wertseite

Im Feld: 48 EINEN THALER M L M, Jahreszahl (Münsterische Land Münze)

Umschrift: keine

Bildseite:

Im Feld: gekröntes Monogramm MF (Maximilian Friedrich)

Umschrift: keine

Größe	16,7 mm
Raugewicht	1,03 g
Feingewicht	0,36 g
Silberanteil	35 %
Prägejahre	1766

1 Schilling

Wertseite
Im Feld: Heiliger Paulus mit Schwert und Bibel, I SCHIL,
M L M (Münsterische Land Münze)
Umschrift: keine

Bildseite:
Im Feld: gekröntes Monogramm MF (28), Jahreszahl
(Maximilian Friedrich)
Umschrift: keine

Größe	19,0 mm
Raugewicht	1,63 g
Feingewicht	0,62 g
Silberanteil	38 %
Prägejahre	1764

Teil II

Domkapitel

Kapitel 8

1591-1633 Domkapitel I.

Nominal	Prägezeitraum
3 Schilling	1608, 1633
12 Pfennig	1608, 1633
6 Pfennig	1608, 1633
3 Pfennig	1608

3 Schilling

Wertseite
Im Feld: Jahreszahl, S III, Umkreis
Umschrift: Girlandenverzierung
Bildseite:
Im Feld: Heiliger Paulus auf einem Pferd reitend, Umkreis
Umschrift: SAVLE SAVLE QUID ME PERSEQVE

Größe	34,1 mm
Raugewicht	6,1 g
Feingewicht	0 g (Kupfermünze)
Silberanteil	0 %
Prägejahre	1608, 1633

Der Heilige Paulus ist als Schutzpatron ein häufiges Motiv auf den Münzen des Bistums Münster. Meistens wird er mit seinen Attributen Schwert und Buch frontal ab Hüfthöhe abgebildet. Bei dieser Münze allerdings wird der Moment der Bekehrung dargestellt. Apostelgeschichte 9,4: „[...]Saul, Saul, warum verfolgst du mich?"

12 Pfennig

Wertseite
Im Feld: Jahreszahl, XII, Umkreis
Umschrift: Girlandenverzierung

Bildseite:
Im Feld: Heiliger Paulus mit Schwert und Bibel, sitzend vor einer Kirche, zu seinen Füßen ein Wappenschild (Münsteraner Balken), Umkreis
Umschrift: S PAVLVS APOSTOL (Sanctus Paulus Apostolus)

Größe	26,0 mm
Raugewicht	2,9 g
Feingewicht	0 g (Kupfermünze)
Silberanteil	0 %
Prägejahre	1608, 1633

6 Pfennig

Wertseite
Im Feld: Jahreszahl, VI, Umkreis
Umschrift: Girlandenverzierung

Bildseite:
Im Feld: Heiliger Paulus mit Schwert und Bibel, sitzend vor einer Kirche, zu seinen Füßen ein Wappenschild (Münsteraner Balken), Umkreis
Umschrift: S PAVLVS APOSTOLVS (Sanctus Paulus Apostolus)

Größe	25,3 mm
Raugewicht	2,4 g
Feingewicht	0 g (Kupfermünze)
Silberanteil	0 %
Prägejahre	1608, 1633

Es gibt aus dem Jahr 1608 noch eine relativ seltene Münze mit gleicher Gestaltung und dem Nominal 4 Pfennig.

3 Pfennig

Wertseite
Im Feld: III, Umkreis
Umschrift: BVRSA DOMINORVM, Jahreszahl

Bildseite:
Im Feld: Portrait des Heiligen Paulus, Umkreis
Umschrift: SANCTVS PAVLVS APOSTOL

Größe	19,0 mm
Raugewicht	2,0 g
Feingewicht	0 g (Kupfermünze)
Silberanteil	0 %
Prägejahre	1608

Es gibt aus den Jahren 1591 und 1608 Münzen mit gleicher Gestaltung und den Nominalen 2 Pfennig und 1 Pfennig.

Kapitel 9

1661-1707
Domkapitel II.

Nominal	Prägezeitraum
4 Pfennig	1661, 1692, 1696
3 Pfennig	1661, 1692, 1696
2 Pfennig	1661, 1707
1 Pfennig	1661, 1699, 1707

4 Pfennig

Wertseite
Im Feld: IIII, Jahreszahl, Girlandenverzierung
Umschrift: keine

Bildseite:
Im Feld: Heiliger Paulus mit Schwert und Bibel, geteiltes
S P (Sanctus Paulus), Umkreis
Umschrift: MON CATHE ECCL MONA (Moneta Ca-
thedralis Ecclesiae Monasterii)

Größe	22,3 mm
Raugewicht	2,7 g
Feingewicht	0 g (Kupfermünze)
Silberanteil	0 %
Prägejahre	1661, 1692, 1696

3 Pfennig

Wertseite
Im Feld: III, Jahreszahl, Girlandenverzierung
Umschrift: keine

Bildseite:
Im Feld: Heiliger Paulus mit Schwert und Bibel, geteiltes
S P (Sanctus Paulus), Umkreis
Umschrift: MON CATHE ECCL MONAS (Moneta Ca-
thedralis Ecclesiae Monasterii)

Größe	19,5 mm
Raugewicht	2,0 g
Feingewicht	0 g (Kupfermünze)
Silberanteil	0 %
Prägejahre	1661, 1692, 1696

Die Ausgaben von 1692 und 1696 sind mit einem Durchmesser von 22,5 mm etwas größer.

2 Pfennig

Wertseite
Im Feld: II, geteilte Jahreszahl, Kranz
Umschrift: keine

Bildseite:
Im Feld: Heiliger Paulus mit Schwert und Bibel, darunter SP (Sanctus Paulus), Umkreis
Umschrift: M CATHED ECCL MONAST (Moneta Cathedralis Ecclesiae Monasterii)

Größe	19,0 mm
Raugewicht	1,33 g
Feingewicht	0 g (Kupfermünze)
Silberanteil	0 %
Prägejahre	1661, 1707

1 Pfennig

Wertseite
Im Feld: I, geteilte Jahreszahl, Kranz
Umschrift: keine

Bildseite:
Im Feld: Heiliger Paulus mit Schwert und Bibel, geteiltes
S P (Sanctus Paulus), Umkreis
Umschrift: M CATHED ECCL MONAST (Moneta Ca-
thedralis Ecclesiae Monasterii)

Größe	17,3 mm
Raugewicht	1,30 g
Feingewicht	0 g (Kupfermünze)
Silberanteil	0 %
Prägejahre	1661, 1699, 1707

Kapitel 10

1714-1719
Domkapitel III.

Nominal	Prägezeitraum
2 Schilling	1719
1/24 Taler	1719
4 Pfennig	1714

2 Schilling (1/14 Taler)

Wertseite
Im Feld: XIIII EIN RTH, Jahreszahl, Umkreis
Umschrift: MUNSTERISCHE LAND MUNTZ

Bildseite:
Im Feld: gehenkeltes Wappen (Münsteraner Balken) mit
dem Heiligen Paulus mit Schwert und Bibel im Vordergrund
Umschrift: CAPIT CATH MON SEDE VACANTE (Capitulum Cathedralis Monasterii Sede Vacante)

Größe	22,0 mm
Raugewicht	3,26 g
Feingewicht	1,39 g
Silberanteil	42,5 %
Prägejahre	1719

Diese Münze wurde vom Domkapitel anlässlich der Sedisvakanz 1719 herausgegeben. Nur wenn der Bischofsstuhl unbesetzt war, war es dem Domkapitel erlaubt
selbst Silbermünzen prägen zu lassen.

1/24 Taler

Wertseite
Im Feld: 24 I REICHS THAL, Umkreis
Umschrift: NACH DEN LEIPZIGER FUES, Jahreszahl
Bildseite:
Im Feld: gehenkeltes Wappen (Münsteraner Balken) mit
dem Heiligen Paulus mit Schwert und Bibel im Vordergrund
Umschrift: CAPIT CATH MONAS SEDE VACANTE
(Capitulum Cathedralis Monasterii Sede Vacante)

Größe	20,3 mm
Raugewicht	1,8 g
Feingewicht	0,80 g
Silberanteil	45 %
Prägejahre	1719

Diese Münze wurde vom Domkapitel anlässlich der Sedisvakanz 1719 herausgegeben. Nur wenn der Bischofsstuhl unbesetzt war, war es dem Domkapitel erlaubt selbst Silbermünzen prägen zu lassen.

4 Pfennig

Wertseite
Im Feld: IIII PFEN, Jahreszahl
Umschrift: M CATHED ECCLE MONASTENSIS (Moneta Cathedralis Ecclesiae Monasterii)

Bildseite:
Im Feld: Heiliger Paulus stehend auf Schwert gestützt mit Bibel
Umschrift: S PAVLVS APOS PATR MONAS (Sanctus Paulus Apostolus Patronus Monasteriensis)

Größe	26,0 mm
Raugewicht	4,6 g
Feingewicht	0 g (Kupfermünze)
Silberanteil	0 %
Prägejahre	1714

Es gibt auch noch eine 3 Pfennig Münze mit ähnlicher Gestaltung.

Kapitel 11

1739-1762
Domkapitel IV.

Nominal	Prägezeitraum
6 Pfennig	1762
4 Pfennig	1739, 1762
3 Pfennig	1739-1740, 1743, 1748, 1753, 1759-1760
2 Pfennig	1740

6 Pfennig

Wertseite
Im Feld: IV PFENNIG, Jahreszahl, Umkreis
Umschrift: keine

Bildseite:
Im Feld: Heiliger Paulus mit Schwert und Schild, 6 P (6
Pfennig), Umkreis
Umschrift: MON CATHED ECCLES MONASTE (Mo-
neta Cathedralis Ecclesiae Monasterii)

Größe	24,5 mm
Raugewicht	3,8 g
Feingewicht	0 g (Kupfermünze)
Silberanteil	0 %
Prägejahre	1762

4 Pfennig

Wertseite
Im Feld: IIII PFENNIG, Jahreszahl, Umkreis
Umschrift: keine

Bildseite:
Im Feld: Heiliger Paulus mit Schwert und Schild, S P
(Sanctus Paulus), Kranz
Umschrift: MON CATHED ECCLES MONASTE (Mo-
neta Cathedralis Ecclesiae Monasterii)

Größe	24,9 mm
Raugewicht	3,55 g
Feingewicht	0 g (Kupfermünze)
Silberanteil	0 %
Prägejahre	1739, 1762

Die Version von 1739 hat auf der Bildseite keinen Kranz,
sondern einen Umkreis und als Text im Feld S PAVLVS
(Sanctus Paulus).

3 Pfennig

Wertseite

Im Feld: III PFENNIG, Jahreszahl, Umkreis
Umschrift: keine

Bildseite:

Im Feld: Heiliger Paulus mit Schwert und Schild, S PAU-
LUS (Sanctus Paulus), Umkreis
Umschrift: MON CATHED ECCLES MONASTE (Mo-
neta Cathedralis Ecclesiae Monasterii)

Größe	24,0 mm
Raugewicht	3,9 g
Feingewicht	0 g (Kupfermünze)
Silberanteil	0 %
Prägejahre	1739-1740, 1743, 1748, 1753, 1759-1760

Die Versionen von 1739-1740 und 1743 verwenden beim
Namen des Heiligen Paulus noch das Lateinische V statt
U.

2 Pfennig

Wertseite
Im Feld: II PFENNIG, Jahreszahl, Umkreis
Umschrift: keine

Bildseite:
Im Feld: Heiliger Paulus mit Schwert und Schild, S PAU-
LUS (Sanctus Paulus), Umkreis
Umschrift: MON CATHED ECCLES MONASTE (Mo-
neta Cathedralis Ecclesiae Monasterii)

Größe	20,4 mm
Raugewicht	1,52 g
Feingewicht	0 g (Kupfermünze)
Silberanteil	0 %
Prägejahre	1740

Es gibt aus dieser Zeit auch eine Ausgabe mit dem Nominal 1 Pfennig und ähnlicher Gestaltung.

Kapitel 12

1787-1801
Domkapitel V.

Nominal	Prägezeitraum
1/24 Taler	1801
6 Pfennig	1787
4 Pfennig	1787, 1790
2 Pfennig	1790

1/24 Taler

Wertseite
Im Feld: 1 / 24
Umschrift: CAPITU CATHE MONAST (Capitulum Ca-
thedralis Monasterii)

Bildseite:
Im Feld: Jahreszahl
Umschrift: SEDE VACANTE

Größe	18,4 mm
Raugewicht	1,9 g
Feingewicht	0,73 g
Silberanteil	38 %
Prägejahre	1801

Diese Münze wurde vom Domkapitel anlässlich der Sedisvakanz 1801 herausgegeben. Nur wenn der Bischofsstuhl unbesetzt war, war es dem Domkapitel erlaubt
selbst Silbermünzen prägen zu lassen.

6 Pfennig

Wertseite
Im Feld: 6 PFENNIG, Jahreszahl, Umkreis
Umschrift: keine

Bildseite:
Im Feld: Heiliger Paulus mit Schwert und Bibel
Umschrift: MON CATHED ECCLES MONASTE (Moneta Cathedralis Ecclesiae Monasterii)

Größe	26,8 mm
Raugewicht	6,5 g
Feingewicht	0 g (Kupfermünze)
Silberanteil	0 %
Prägejahre	1787

4 Pfennig

Wertseite
Im Feld: 4 PFENNIG, Jahreszahl, Umkreis
Umschrift: keine

Bildseite:
Im Feld: Hüftbild des Heiligen Paulus mit Schwert und Bibel
Umschrift: MON CATHED ECCLES MONASTE (Moneta Cathedralis Ecclesiae Monasterii)

Größe	25,1 mm
Raugewicht	5,9 g
Feingewicht	0 g (Kupfermünze)
Silberanteil	0 %
Prägejahre	1787, 1790

Die Ausgabe von 1790 ist bei gleicher Gestaltung mit einem Durchmesser von 27,0 mm deutlich größer. Es gibt aus dem Jahr 1787 auch eine 3 Pfennig Münze in ähnlicher Gestaltung.

2 Pfennig

Wertseite
Im Feld: 2 PFENNIG, Jahreszahl
Umschrift: keine

Bildseite:
Im Feld: MÜNSTER DOM CAPITUL
Umschrift: keine

Größe	22,2 mm
Raugewicht	2,6 g
Feingewicht	0 g (Kupfermünze)
Silberanteil	0 %
Prägejahre	1790

Es gibt aus dem Jahr 1790 auch eine 1 Pfennig Münze in gleicher Gestaltung.

Teil III

Anhang

Kapitel 13

Alphabetisches Wappenverzeichnis

- Arnsberg (Grafschaft): silberner Adler auf rotem Grund

- Asseburg (Familie): schwarzer Wolf auf goldenem Grund

- Borckelo (Herrschaft): drei goldene Kugeln auf rotem Grund

- Engern (Titularherzogtum): drei rote Herzen auf weißem Grund

- Galen (Famlie): drei rote Wolfangeln auf gelbem Grund

- Hildesheim (Bistum): rot-gold senkrecht geteilter Schild

- Köln (Erzbistum): schwarzes Balkenkreuz auf silbernem Grund

- Königsegg-Rothenfels (Familie): gelb-rotes Rautenmuster

- Münster (Bistum): roter Querbalken auf goldenem Grund

- Osnabrück (Bistum): rotes Wagenrad auf weißem Grund

- Paderborn (Bistum): rotes Balkenkreuz auf silbernem Grund

- Pfalz (Pfalzgrafschaft): goldener Löwe auf schwarzem Grund

- Plettenberg (Familie): gelb-blauer senkrecht geteilter Schild

- Pyrmont (Grafschaft): rotes Ankerkreuz auf silbernem Grund

- Stromberg (Burggrafschaft): drei schwarze Krähen auf weißem Grund

- Werth (Titularstadt): drei schwarze Lilien (oder Maueranker) auf silbernem Grund

- Westfalen (Herzogtum): weißes Pferd auf rotem Grund

- Wittelsbach (Familie): blau-weißes Rautenmuster

- Wolff-Metternich zur Gracht (Familie): Wappen waagerecht zweigeteilt, oben silberner Turnierkragen auf blauem Grund, unten schwarzer Wolf auf silbernem Grund

Kapitel 14

Weiterführende Literatur

- Eine sehr umfangreiche Gesamtübersicht über die deutschen Münzen der Neuzeit: Standard Catalog of German Coins: 1501-Present, N. Douglas Nicol, George S. Cuhaj, Krause Pubn Inc, 2011.

- Für die Münzen der deutschen Staaten während und nach der napoleonischen Zeit: Großer deutscher Münzkatalog: von 1800 bis heute, Paul Arnold, Harald Küthmann, Dirk Steinhilber und Dieter Faßbender, Battenberg Verlag, 2018.

- Für die Münzen des 18. Jahrhunderts: Deutscher Münzkatalog 18. Jahrhundert: 1700 - 1806, Gerhard Schön, Battenberg Verlag, 2019.

- Für die Prägungen des Domkapitels: Die Kupfermünzprägung des Domkapitels zu Münster, Hans

Weinrich, Aschendorff, Münster, 1981.

- Die erste systematische Erfassung der Domkapitel-
  prägungen: Beschreibung der Kupfermünzen West-
  falens, Joseph Weingärtner, Verlag Schöningh, 1872.